Las inundaciones y las ventiscas

William B. Rice

Las inundaciones y las ventiscas

Asesor en ciencias
Scot Oschman, Ph.D.

Créditos
Dona Herweck Rice, *Gerente de redacción*; Lee Aucoin, *Directora creativa*; Timothy J. Bradley, *Responsable de ilustraciones*; Conni Medina, M.A.Ed., *Directora editorial*; James Anderson, Katie Das, Torrey Maloof, *Editores asociados*; Rachelle Cracchiolo, M.S.Ed., *Editora comercial*

Teacher Created Materials
5301 Oceanus Drive
Huntington Beach, CA 92649-1030
http://www.tcmpub.com

ISBN 978-1-4333-2157-3

Tabla de contenido

El poder del agua

Según dice un viejo proverbio chino, "el agua puede ayudar a navegar un bote, pero también puede darle vuelta". Como la mayoría de los proverbios o dichos, se basa en la verdad. El agua es necesaria y útil, un ejemplo de esto es cuando ayuda a navegar un bote. El agua preserva la vida. Limpia. Se puede utilizar para jugar y también para viajar. La vida no existiría sin ella.

Pero el agua también puede ser terrible. Las tormentas pueden volcar embarcaciones y hundirlas. Las inundaciones pueden arrasar propiedades y aislar o matar a las personas que no logran llegar a terrenos más elevados. El agua, convertida en nieve, puede congelar, enterrar o enceguecer a las personas que quedan atrapadas en la vorágine de una blanca ventisca de nieve.

La mayoría del agua

Alrededor del 70 por ciento de la Tierra está cubierta de agua.

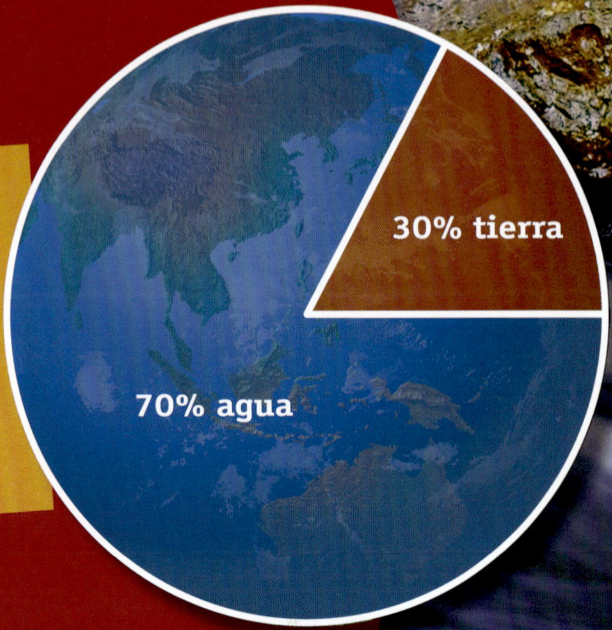

Durante la temporada de los monzones, las calles se inundan rápidamente en el sureste asiático.

Las ventiscas hacen que sea peligroso para las personas alejarse de sus casas.

¿Qué es una inundación?

Una **inundación** es un gran desborde de agua. Ésta avanza a toda velocidad sobre terrenos que no suelen estar sumergidos. Las inundaciones pueden suceder en un instante. Es posible que sucedan casi sin advertencia. Las personas y las propiedades pueden sufrir daños severos a causa de las inundaciones. Éstas incluso pueden cambiar la fisonomía de la tierra propiamente dicha.

Las lluvias torrenciales causan inundaciones. Las tormentas de lluvia pueden agitar el mar, y sus olas pueden causar inundaciones. Pero la lluvia es el comienzo de todo.

La lluvia forma parte del ciclo del agua. El sol **evapora** el agua de la Tierra. Así, el agua se transforma en un gas y asciende. Se **condensa** en el aire y otra vez se vuelve líquida. Forma pequeñas gotas. Las gotas se combinan y forman nubes. Las nubes **precipitan**; esto significa que liberan el agua en forma de lluvia, nieve o granizo. Esta agua cae sobre la Tierra y el ciclo continúa.

Cuando caen grandes cantidades de lluvia, la tierra y las plantas pueden no tener el tiempo ni el espacio suficiente para absorberla. Es posible que el lecho de los ríos y de otros cuerpos de agua no pueda contenerla. El agua sobrante fluye entonces hacia la tierra, y tiene lugar una inundación.

Nuboso

Las lluvias más torrenciales vienen de las nubes **cumulonimbos**.

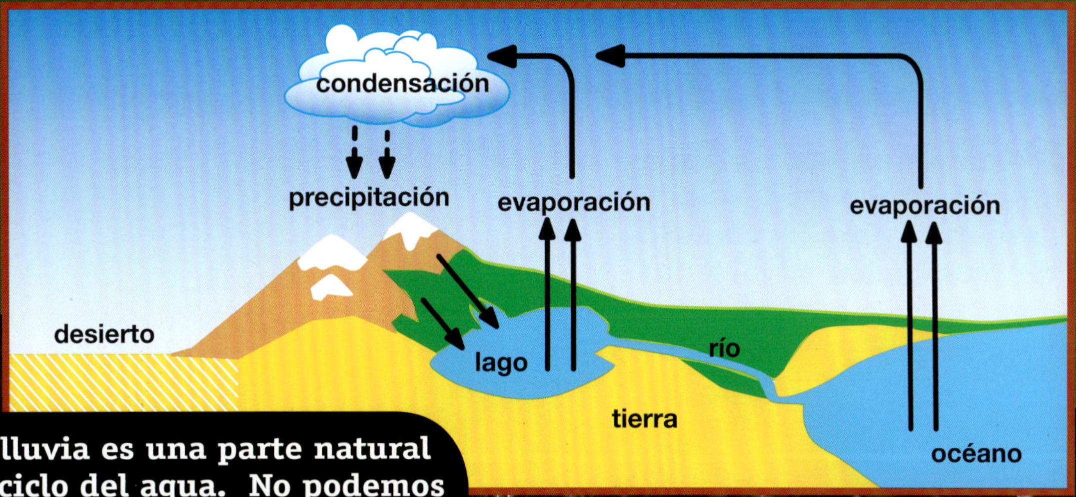

La lluvia es una parte natural del ciclo del agua. No podemos controlar cuánta lluvia cae ni impedir que haya inundaciones cuando llueve demasiado.

Las tormentas son la causa principal de inundaciones.

Mucha lluvia

Puede caer muchísima lluvia en un lapso breve. En 1975, cayeron más de 40 centímetros (16 pulgadas) de lluvia en una hora en Pekín, China. En California, en 1926, cayeron más de 2.5 centímetros (1 pulgada) de lluvia ¡en apenas un minuto!

Como resultado de un monzón, un río en India se desborda sobre las llanuras de inundación adyacentes.

La mayor cantidad de lluvia cae en lugares cercanos al Ecuador y en sus alrededores; la menor cantidad de lluvia cae en los desiertos. Pero puede haber inundaciones en cualquiera de estos sitios; lo único necesario para que ocurran es que haya agua.

Los desbordamientos de los ríos son un tipo de inundación muy común. La mayoría de las veces, éstos se deben a lluvias torrenciales. La nieve, al derretirse, también puede correr hacia los ríos y causar crecidas.

Los ríos se forman con el tiempo en lugares por donde suele correr agua. Pero cuando corre más agua de la que el río puede contener, ésta se derrama sobre sus márgenes y cubre la **llanura de inundación**. La llanura de inundación es la tierra plana que se encuentra junto al cauce del río. Las casas y los comercios que se encuentran cerca del río también se inundan. Las personas pueden quedar aisladas, y las cosechas, destruídas. Usualmente las personas reciben algún tipo de advertencia antes de que tengan lugar estas inundaciones, ya que puede tomar horas y hasta días hasta que se desborde un río.

Las **inundaciones repentinas** suceden cuando caen grandes cantidades de lluvia en poco tiempo en una región pequeña. Llegan de repente, y de ahí proviene su nombre. Esta clase de inundación es común en los desiertos. Esto se debe a que la tierra allí está dura y seca, lo que hace que el agua no se absorba con facilidad. El agua puede avanzar sobre la tierra en minutos o hasta segundos. Estas inundaciones son además potentes; pueden destrozar árboles y arrastrar peñascos como si se tratara de guijarros.

Nueva Orleans

La ciudad de Nueva Orleans se encuentra bajo el nivel del mar. Para mantener el agua fuera de la ciudad, se utilizan diques. Cuando la golpeó el huracán Katrina en 2005, muchos de los diques fallaron y se inundó un área de gran extensión. Murieron cerca de 2,000 personas en Nueva Orleans y sus alrededores, y muchas otras quedaron aisladas durante días. Los daños ocasionados por Katrina ascienden a unos ochenta billones de dólares.

Los **aluviones** son otra clase de inundación que ocasionan las lluvias torrenciales cuando caen sobre pendientes empinadas y desnudas. Al no haber rocas ni vegetación que mantengan la tierra en su lugar, un gran caudal de lodo líquido puede aplastar todo lo que encuentre a su paso. Poblaciones enteras pueden quedar sepultadas en segundos. Las casas ubicadas en las cimas de estas pendientes pueden desplomarse por las laderas.

Las inundaciones también pueden venir del mar. Los terremotos pueden ocasionar olas gigantescas llamadas **tsunamis**. Los tsunamis inundan la ribera y hasta pueden adentrarse mucho en la tierra. Estas olas pueden inundar edificios y arrastrar los objetos sueltos con los que se topen hacia el océano.

Las inundaciones pueden ocasionar mucho daño. Pueden destruir hogares y arruinar cosechas. Las personas pueden ahogarse o quedar aisladas, y los animales que no logren llegar a terrenos más altos pueden morir. En una inundación puede interrumpirse el suministro eléctrico. Los puentes pueden quedar arrasados. Las personas necesitadas pueden quedar sin provisiones. Las aguas residuales pueden volver a la superficie al desbordarse los resumideros, de manera que el agua sucia contamina la tierra. De este modo, todos los seres vivos pueden enfermarse mucho tiempo después de que haya pasado la inundación.

Un pueblo queda destruido en Honduras por un aluvión ocasionado por las lluvias del huracán Mitch.

La peor inundación del mundo

En China, suelen ocurrir muchas inundaciones en las zonas adyacentes al río Huang He (juang jue), también llamado el río Amarillo. La peor tuvo lugar en 1931. Nadie sabe con certeza cuántas personas murieron, pero se habla de entre 1 y 3.7 millones. Entre 1887 y 1943 murieron más de 10 millones de personas como consecuencia de las inundaciones en los alrededores del río.

¿Qué es una ventisca?

Imagina una nevada copiosa. Agrégale temperaturas extremas muy por debajo de los cero grados. Mezcla unos vientos fuertes y tanta nieve en el aire que apenas se pueda ver. Revuelve bien ¡y tienes una **ventisca**!

Los vientos de una ventisca soplan a más de 56 kilómetros (35 millas) por hora. La nieve en el aire hace que sea imposible ver a más de 150 metros (492 pies) de distancia. En una ventisca severa, los vientos superan los 72 kilómetros (45 millas) por hora, las temperaturas caen hasta los –12ºC (10ºF), y la nieve en el aire sencillamente hace imposible ver.

En una ventisca, la nieve en el aire no es sólo la nieve que cae del cielo. Los vientos son tan fuertes que levantan también la nieve que ya se encontraba en el suelo. Los fuertes vientos acumulan nieve en ventisqueros altos. ¡En ocasiones, estos cúmulos de nieve son más altos que un edificio!

una ventisca violenta en Finlandia

Ventisca antártica

Rara vez hay nevadas intensas en la Antártica, pero el suelo siempre está cubierto de nieve. Los vientos fuertes levantan la nieve del suelo y la llevan por los aires. Así se origina una ventisca antártica.

Inundaciones y ventiscas

¿Qué tienen en común estos dos fenómenos? Ambos emplean una gran cantidad de agua. En una inundación, el agua se encuentra en estado líquido. En una ventisca, es sólida.

Cómo obtuvieron su nombre las ventiscas en inglés

En inglés, una ventisca se dice *blizzard.* En una época, *blizzard* significaba "tiroteo" o "golpe seco". En 1870, un periódico de Iowa utilizó ese término para referirse a una tormenta violenta de nieve. La palabra quedó y ahora es el término que usa todo el mundo para referirse a este fenómeno.

Las ventiscas sólo tienen lugar cuando hay nieve. La nieve está hecha de cristales de hielo que caen desde las nubes. Las nubes se forman con el vapor de agua que se eleva alto en el aire. Ese vapor se enfría y se condensa y se convierte en gotitas de agua. Si hace el frío suficiente, las gotitas se congelan y se convierten en cristales de hielo en las nubes. Estos cristales se conectan entre sí y forman copos de nieve.

Los copos de nieve se derriten un poco a medida que precipitan. También chocan entre sí mientras caen. Como ya están un poco derretidos, se arraciman fácilmente y forman así pelusitas esponjosas de nieve.

1

El agua se evapora en el aire en la forma de vapor.

2

El vapor se enfría y condensa.

4

Los cristales se combinan y caen en forma de nieve.

Los copos de nieve más comunes tienen 6 puntas. Son como diáfanas estrellitas de cristal.

¿Por qué una nevada simple se convierte en una ventisca? Los vientos fríos hacen que vapor se incorpore rápidamente al aire. El aire se condensa y se forman enormes cantidades de copos de nieve. Luego, éstos precipitan. Los copos caen en medio de un aire muy frío. Al mismo tiempo, el aire frío se encuentra con aire caliente. Allí donde se encuentran el aire frío y el aire caliente, se forman fuertes vientos. La suma de mucha nieve y fuertes vientos tiene como resultado una ventisca.

Siempre hay vientos alrededor de la Tierra. Básicamente, los vientos se mueven en la misma dirección. Alrededor del Ecuador, soplan sobre todo hacia el oeste. En los polos, soplan más que nada hacia el este. Los vientos del oeste son cálidos y húmedos. Los del este son fríos y helados. Cuando estos dos vientos se encuentran, se dan las condiciones necesarias para que haya nieve e incluso vientos más fuertes.

Hay ventiscas en todo el mundo, excepto cerca del Ecuador. Son más frecuentes en lugares donde se dan todas las condiciones necesarias. Esto incluye los extremos norte y sur del planeta y también lugares muy altos. Las Grandes Llanuras y los Grandes Lagos de Norteamérica suelen sufrir ventiscas. Éstas también son comunes en el noroeste de Europa. También hay ventiscas en Rusia, China, Corea y Japón.

Los vientos que soplan principalmente hacia el este o el oeste se llaman vientos predominantes. Esto se debe a que prevalecen, o ganan, su dirección normal.

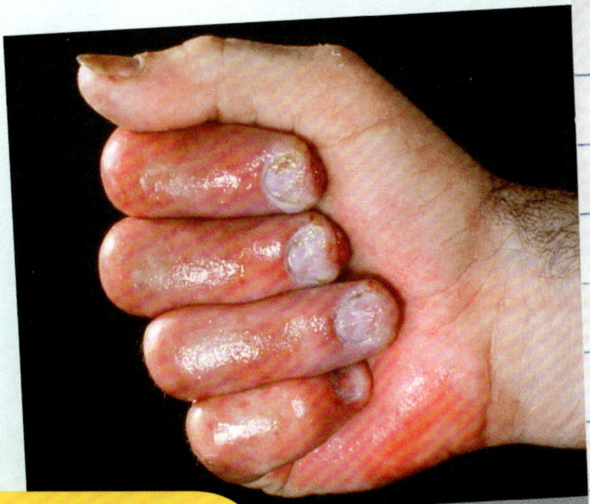

congelación severa en una mano

Un problema para algunas personas

Las ventiscas pueden ser peligrosas para las personas, ya que ocasionan muchos accidentes. Debido al frío extremo, las personas pueden morir congeladas. También pueden sufrir **hipotermia** o **congelación**. La congelación tiene lugar cuando se congela el tejido o la piel. La hipotermia sucede cuando hay una gran baja en la temperatura corporal.

Los efectos de las inundaciones y las ventiscas sobre la tierra

Las inundaciones y las ventiscas son impresionantes. También tienen una cosa importante en común: ambas dependen del agua.

Se dice que "el agua es un buen sirviente, pero un amo cruel". El agua es muy útil para las personas. Pero grandes cantidades de agua descontrolada pueden causar mucho daño. No importa si se trata de agua en estado líquido o sólido. El poder del agua es enorme, y es imposible predecir la ruta que tomará.

Por otra parte, el agua en forma de inundaciones o ventiscas es algo natural que puede hacer cosas muy buenas por la tierra. La naturaleza depende de las inundaciones y las ventiscas.

Palabras de sabiduría

No hay nada más blando y más débil que el agua, pero nada como ella para vencer lo duro y firme.
—Lao Tse, siglo VI a. C.

Un carro se hunde en una inundación.

El agua, ya sea en estado líquido o sólido, es el alma de las inundaciones y las ventiscas.

Las inundaciones pueden llevar ricos nutrientes a zonas como esta llanura de inundación en África.

Las inundaciones causan problemas para las personas. Pero eso se debe a que éstas pueden haber levantado edificaciones en su trayecto. Hasta las propias personas pueden quedar atrapadas en medio de una inundación. Pero estos fenómenos son útiles para la naturaleza.

La Tierra se encuentra en un estado de cambio permanente, y las inundaciones pueden ayudarla. Por ejemplo, las inundaciones llevan **sedimentos** de un lugar a otro. Los sedimentos son pequeños trozos de materiales terrestres. Los sedimentos se deben a la erosión de las rocas. Esto lleva tierra nueva a un área y se crean así nuevos terrenos. Además, la tierra lleva nutrientes consigo. Eso significa que las plantas en el nuevo terreno podrán recibir los nutrientes que necesitan. De este modo, la tierra se mantiene **fértil**, es decir que está preparada para que crezcan plantas en ella.

¿Qué es la erosión?

La **erosión** es el desgaste del material terrestre por acción del agua o el viento.

Las inundaciones también pueden actuar como un limpiador profundo. Pueden limpiar un área al arrastrar restos orgánicos consigo. El agua mezcla esta materia y la entierra en algún otro lado. Esto también ayuda a nutrir la tierra. Además, este movimiento de agua a gran escala puede rellenar sistemas de aguas subterráneas. Gran parte del agua del planeta se encuentra bajo tierra. Para la vida en la Tierra, es importante que haya aguas subterráneas, y es aún más importante que estas aguas estén limpias y sean saludables.

Algunos lugares del mundo dependen de las inundaciones. El arroz es un cultivo importante en países como Indonesia y China. Los cultivos de arroz necesitan mucha agua. Las inundaciones ayudan a llevar agua a los arrozales. Las laderas con terrazas de cultivo atrapan el agua de las inundaciones para que el arroz pueda crecer.

En Egipto, los agricultores de las riberas del río Nilo siempre contaron con las inundaciones, ya que éstas les llevan tierra y agua nueva todos los años y permiten que crezcan cultivos en las llanuras de inundación. En la antigüedad, la diosa de las inundaciones era una deidad muy importante. Las personas contaban con las inundaciones. En la actualidad, la inundación de la zona se celebra como una festividad nacional.

La diosa llorona

Los pobladores del antiguo Egipto creían que la crecida del Nilo se debía a las penas. Según ellos, la diosa Isis lloraba por su esposo muerto, Osiris, y sus lágrimas ocasionaban la inundación.

Isis

Cuenta con ello

El antiguo calendario egipcio se basaba en el ciclo de crecidas. Eso demuestra que las inundaciones eran muy confiables y las personas podían depender de ellas.

la llanura de inundación del río Nilo

Las terrazas como éstas ayudan a atrapar el agua de las inundaciones para que el arroz pueda crecer.

Las ventiscas pueden tener muchos de los mismos efectos sobre la tierra que las inundaciones. Las enormes cantidades de nieve y viento pueden erosionar la tierra. Además, en algún momento, la nieve se derrite, lo que genera grandes cantidades de agua. Esta agua puede desbordarse. Si lo hace, se comportará en la misma manera que cualquier otra inundación. Los sedimentos se trasladarán de un lado a otro, el agua llevará nutrientes y arrastrará restos orgánicos para depositarlos en algún otro lugar.

Una cosa aún más importante sobre las ventiscas es que son una fuente de aguas subterráneas. La nieve suele derretirse lentamente, lo que le da al agua tiempo para filtrarse en la tierra. Eso permite que una mayor cantidad de agua penetre la tierra y esté a la disposición de los seres vivos.

Un glaciar en Nueva Zelanda se derrite en un torrente de agua.

¿Cuánto de cada uno?

Hacen falta aproximadamente 10 centímetros (4 pulgadas) de nieve derretida para tener 1 centímetro (0.4 pulgadas) de agua.

Las ventiscas traen sus propios problemas. Pero cuando la nieve se derrite, los problemas pueden ser aún mayores.

Estas personas están construyendo una barrera para intentar impedir una inundación.

¡Prepárate!

Lo primero que hay que hacer es prestar atención. Observa el clima y escucha los reportes meteorológicos. Los climatólogos tienen muchos conocimientos que les permiten predecir las inundaciones y las ventiscas. Consulta la Internet. Escucha las noticias en la televisión o en la radio. En esos medios podrás encontrar actualizaciones o alertas.

Además, es útil tener provisiones de emergencia. Éstas incluyen comida enlatada, agua embotellada, linternas, baterías, elementos de primeros auxilios y cobijas. Estas provisiones deben almacenarse en un recipiente impermeable.

También puede ser una buena idea hablar con los trabajadores de los servicios de emergencias. Pregúntales qué hacer en caso de inundación o ventisca. Ellos te darán información sobre cómo protegerte a ti y a tus seres queridos. Hay pocas probabilidades de que quedes atrapado en una ventisca o una inundación. De cualquier modo, si te llega a suceder, ¡te alegrarás de haber estado preparado!

Mantener las provisiones como velas, linternas y agua potable en un mismo lugar te ayudará a estar preparado para una emergencia.

Laboratorio: Erosionemos la tierra

Después de que el fuego o las inundaciones arrasan un área, puede haber erosión. Esta actividad de laboratorio te ayudará a ver lo que sucede.

Materiales

- tierra seca y suelta
- estopilla
- botella con atomizador con agua o manguera con rociador y una fuente de agua
- cámara digital (opcional)

Procedimiento:

1. Con tierra suelta y seca, forma una pequeña colina empinada de unos 60 centímetros (2 pies) de largo.
2. Si tienes una cámara digital, toma una fotografía de la colina. Esto te ayudará con tu observación.
3. Cubre la colina completamente con la estopilla.
4. Si tienes cámara digital, toma otra fotografía de la colina.

5. Con un atomizador o un rociador conectado a una manguera, aplica agua a la colina cubierta con la tela por un tiempo breve y observa qué sucede. Toma fotografías durante y después de la aplicación. ¿Pierde forma la colina? ¿Qué sucede con la tierra? ¿Todo se moja pero se queda en su lugar?

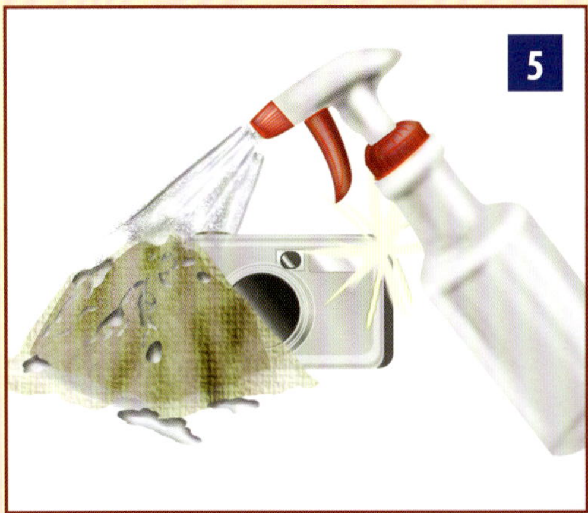

6. Remueve la estopilla: esto es similar a lo que sucede cuando una colina o una ladera se queda sin vegetación. Toma otra fotografía.

7. Con un atomizador o un rociador conectado a una manguera, aplica agua a la colina nuevamente por un tiempo breve y observa qué sucede. Toma fotografías durante y después de la aplicación. ¿Qué le sucede a la tierra? ¿Qué sucede con la colina? ¿Se queda todo en su lugar?

8. ¿Cuáles son las conclusiones que sacaste sobre la base de tu experimento?

Glosario

aluviones—torrentes repentinos y caudalosos de lodo líquido colina abajo, que usualmente tienen lugar a causa de fuertes lluvias sobre una colina en la que no hay vegetación

condensa—un gas se transforma en líquido

congelación—condición que tiene lugar cuando se congela parte del tejido corporal de una persona. Ocasiona entumecimiento, hinchazón, decoloración, y a veces hace necesario amputar la parte afectada

cumulonimbos—nubes de tormenta que forman grandes torres densas que llegan a niveles altos de la atmósfera

erosión—desgaste ocasionado por el agua o el viento

evaporar—un líquido se convierte en gas o vapor

fértil—capaz de producir vida, por ejemplo vida vegetal

hipotermia—condición causada por un descenso en la temperatura corporal; Sus efectos son escalofríos, somnolencia, desorientación y hasta la muerte si no se trata a tiempo

inundación repentina—torrente de agua repentino y poderoso que baja por una pendiente o barranco

inundación—gran desborde de agua sobre un área que no suele estar sumergida

llanura de inundación—terreno bajo y plano junto a un río o corriente de agua que suele inundarse

precipitan—caen sobre la Tierra como agua, ya sea en forma de lluvia, nieve o granizo

sedimentos—minerales o materia viva depositada por el agua o el aire

tsunami—ola gigante causada por un terremoto submarino, una erupción volcánica, un derrumbe submarino o la caída de un meteorito

ventisca—tormenta con fuertes vientos, muchísima nieve y frío intenso

vientos predominantes—vientos que soplan en una dirección de manera regular (hacia el oeste cerca del Ecuador y hacia el este cerca de los polos)

Índice

Científicos de ayer y de hoy

Wladimir Köppen
(1846–1940)

Wladimir Köppen se crió en Rusia. Estudió botánica, climatología y meteorología. Siendo adulto, realizó muchos viajes y notó que los lugares que visitaba tenían tipos de plantas muy diferentes. Estas diferencias despertaron su curiosidad. Entonces, estudió las diferencias y descubrió que la temperatura tenía importantes efectos sobre las plantas. Desarrolló el sistema de clasificación climática de Köppen. En la actualidad, los científicos siguen utilizando este sistema.

Jagdish Shukla
(1944–)

Jagdish Shukla nació en un pequeño pueblo de India. Quería estudiar ciencia en la escuela, pero su escuela no enseñaba esa materia. Su padre consiguió libros de ciencia para su hijo, y Shukla aprendió solo. En la actualidad es profesor de ciencia y hace investigaciones en cuestiones climáticas y meteorológicas. Jagdish Shukla ayudó a las personas a comprender mejor los climas y la meteorología del mundo. Recibió muchos premios importantes por su trabajo.

Créditos de las imágenes

Portada: Jocelyn Augustino/FEMA; p.1: Jocelyn Augustino/FEMA; p.4: Digital Wisdom/LKPalmer; p.4-5: Howard Grill/Shutterstock; p.5 (arriba): Marc van Vuren/Shutterstock; p.5 (abajo): ©2009 Jupiterimages Corporation; p.6: TobagoCays/Shutterstock; p.7 (arriba): Tim Bradley; p.7 (abajo): Andrew Chin/Shutterstock; p.8: Deshakalyan Chowdhury/AFP/Getty Images; p.8 (abajo): Jocelyn Augustino/FEMA; p.10-11: Yuri Cortez/AFP/Getty Images; p.12-13: Dainis Derics/Shutterstock; p.13: blickwinkel/Alamy; p.14: ©David Arky/Corbis; p.14-15: Stephanie Reid; p.15 (abajo): Newscom; p.16: Stephanie Reid; p.17 (arriba): Southern Illinois University/Photo Researchers, Inc.; p16-17: Shutterstock; p.18-19: Johnandersonphoto/Dreamstime; p.19 (arriba): Four Oaks/ Shutterstock; p.19 (abajo, izquierda): Tischenko Irina/Shutterstock; p.19 (abajo, derecha): ELEN/Shutterstock; p.20-21: Anthony Bannister/Photo Researchers, Inc.; p.21: Brenda Tharp/Photo Researchers, Inc.; p.22: Vladimir Wrangel/Shutterstock; p.22-23: Ng Wei Keong/Shutterstock; p.23: Louise Cukrov/Shutterstock; p.24: Johnathan Esper/Shutterstock; p.24-25: Daniel Gratton/Shutterstock; p.26: Steve Skjold/Alamy; p.26-27: Joe Rivera/Shutterstock; p.26-27 (frente): Nic Neish/Shutterstock; p.28-29: Tim Bradley; p.32 (izquierda): Rick Reason; p.32 (derecha): Evan Cantwell, George Mason University.